NATIONAL GEOGRAPHIC

Trabajando
mano a mano

EDICIÓN PATHFINDER

Por Diane G. Silver

CONTENIDO

Cambiando el futuro de las tortugas

¡Qué mide siete pies de longitud, se sumerge a 3000 pies de profundidad en el océano, y pesa aproximadamente 2000 libras? ¡Una tortuga laúd! Estos reptiles gigantes están en peligro. ¿Puede alguien salvarlos?

José Urteaga vio por primera vez bebés de tortuga cuando era un niño. De pie en una playa arenosa en Nicaragua, observó con los ojos como platos a cientos de pequeñas tortugas marinas que rompían el cascarón y se arrastraban hacia el mar. En la oscuridad de la noche, atravesaban velozmente la playa para llegar al agua salada.

En la actualidad, hay menos tortugas marinas que nunca luchando por llegar a las olas. Las tortugas están en peligro de extinción. Hoy en día, todas las especies de tortuga marina de Nicaragua están en peligro de extinción.

José Urteaga, biólogo marino y explorador incipiente de National Geographic, quiere salvar a las tortugas. Todavía recuerda el primer momento que pasó con las tortugas marinas. Sabe que las tortugas marinas son importantes tanto para el medio ambiente como para el pueblo de Nicaragua.

Por Diane G. Silver

Defensor de las tortugas. *José Urteaga encuentra maneras de proteger a las tortugas marinas en peligro de extinción en Nicaragua.*

EE.UU.

Sudamérica

Nicaragua

Durante cientos de años, los huevos de tortuga han sido una fuente de alimento para las personas que viven en América Central. Comer los huevos forma parte de la cultura, o el estilo de vida. Vender huevos de tortuga también es una manera de **ganar** dinero para las personas que viven cerca de las playas donde desovan las tortugas.

Urteaga comprende la necesidad de conservar, o proteger, no solo a las tortugas sino también la economía. Por eso está usando la ciencia y la creatividad para encontrar maneras de ayudar a las tortugas y a sus compatriotas nicaragüenses. Urteaga explica: "No trabajo sólo con las tortugas. Trabajo con las personas".

Salvando a las tortugas laúd

Las tortugas laúd son las tortugas marinas más grandes del mundo. Son una de las cinco especies de tortugas en peligro de extinción que desovan, o ponen sus huevos, en las playas de arena de Nicaragua. Estos mansos gigantes han recorrido la Tierra por más de 100 millones de años.

En 2002, cuando José Urteaga comenzó su trabajo en Nicaragua con la organización Fauna y Flora Internacional, las increíbles tortugas laúd estaban desapareciendo. ¿Pero, por qué? Urteaga descubrió que la caza furtiva era una parte significativa de la respuesta. Cazar furtivamente es atrapar o cazar animales cuando la ley no lo permite.

Las personas cazan las tortugas por la carne. También buscan los huevos de tortuga. Los huevos de tortuga también son un alimento importante para muchos nicaragüenses. Muchas personas creen que los huevos de tortuga son más sanos que los huevos de gallina. Y a los nicaragüenses, además, les gusta el sabor de los huevos de tortuga. Las personas han vendido huevos de tortuga durante siglos.

Para el año 2002, se habían robado casi todos los huevos de tortuga laúd de la costa del Pacífico de Nicaragua. La cantidad de hembras de tortuga laúd que ponían huevos había disminuido aproximadamente en un 90 por ciento. En determinado momento, Urteaga contó sólo 22 nidos. Con gran tristeza, entendió que estas fantásticas criaturas se extinguirían si las cosas no cambiaban.

Urteaga también se dio cuenta de que algunas personas que vivían cerca de las playas de desove juntaban los huevos y los vendían. Y entendió por qué. La venta de huevos es un **negocio** importante en muchas comunidades costeras. Algunas de las personas que vendían los huevos vivían con menos de un dólar por día. Las personas podían ganar $5,00 dólares con solo vender una docena de huevos de tortuga.

Nido vacío. *Las personas juntan huevos de tortuga de la playa para venderlos.*

Un plato tradicional. *La carne de tortuga ha sido una fuente de alimento durante cientos de años.*

Las personas de las comunidades costeras tenían pocas otras maneras o casi ninguna otra manera de ganar dinero. Por lo tanto, vender huevos de tortuga era importante para su supervivencia. Pero los **cazadores furtivos** perderían su **fuente de ingresos** si las tortugas se extinguían. ¿De qué manera se podía mantener la población de tortugas a la vez que se mantuvieran los ingresos de las personas?

Protegiendo los huevos

José Urteaga sabía que sin huevos de tortuga no podía haber tortugas. Entonces, ¿qué debía hacer? Proteger los huevos.

Urteaga estableció patrullas, día y noche, en una playa importante de desove de las tortugas laúd. Estas patrullas controlan que las hembras de media tonelada salgan del océano. Las patrullas luego protegen a las mamás tortugas a medida que se arrastran por la arena al lugar de desove.

Mientras las hembras se preparan para desovar, las patrullas de Urteaga permanecen en las cercanías. Después de que la tortuga ha cavado el nido, la patrulla coloca una bolsa de plástico en la parte inferior del nido, para poder atrapar los codiciados huevos. Luego, cuidadosamente, llevan los huevos a un criadero. Aquí se mantienen calientes hasta que los bebés rompen el cascarón, o nacen. En una noche oscura, la patrulla libera a los bebés en las aguas frescas del océano.

Más problemas para las tortugas

Urteaga descubrió más razones para la desaparición de las tortugas. A principios del siglo XXI, la pesca de tiburones se convirtió en un gran negocio. Las redes que su utilizaban para atrapar a los tiburones, también atrapaban tortugas. Con frecuencia, las tortugas que quedan atrapadas mueren.

A eso se sumaba la destrucción de las playas en las que desovaban las tortugas marinas. También era un problema que las personas construyeran casas en las playas en las que las tortugas construían sus nidos. Además de eso, los turistas con frecuencia dañaban las zonas de desove.

El cambio climático también afecta a las tortugas. Urteaga explica que las tortugas laúd del océano Pacífico son más pequeñas que las de otros océanos. Las tortugas laúd del Pacífico también ponen menos cantidad de huevos. Esto puede deberse a cambios en la temperatura del agua.

Puntos de vista

Urteaga reconoce que proteger los nidos no alcanza para salvar a las tortugas. Explica: "No podemos ver este problema sólo desde el punto de vista de las tortugas. También debemos prestar atención al lado humano".

Por eso, Urteaga trabaja con personas que viven cerca de las playas de desove para encontrar nuevas formas para que ganen dinero. Ha enseñado a las personas a ser granjeros o apicultores. Las personas que pescan tiburones han aprendido a devolver al mar a las tortugas que quedan atrapadas en las redes.

Urteaga también cree que, al aprender sobre las tortugas, las personas se convertirán en sus protectores. Para ayudar a desarrollar el conocimiento, los niños y sus familias asisten a los festivales del "Día de la Tortuga". Urteaga quiere que los niños vean tortugas reales y se emocionen tanto con estos sorprendentes reptiles como él de niño.

El ciclo de vida de las tortugas marinas

En la arena
La vida de un bebé de tortuga marina comienza dos pies bajo la arena en una playa cerca del océano. Las tortugas marinas hembra depositan sus huevos en nidos que cavan en la arena.

Cavando para salir
Semanas más tarde, los bebés de tortuga rompen el cascarón. Cavan hacia arriba y más arriba para salir de los nidos.

Al agua
Los pequeños bebés corren por la arena hacia el agua. Intentan evitar a las aves y a los cangrejos hambrientos que quieren comérselos.

En mar abierto
Los bebés que llegan al agua sanos y salvos pasarán años en el mar. El noventa por ciento de la vida de una tortuga marina se desarrolla en el mar.

Otra vez en tierra
Después de pasar 30 años en el mar, las tortugas marinas hembra salen del agua para desovar. La mayoría recorre largas distancias para encontrar el camino a la misma playa de arena año tras año.

Patrulla nocturna. *Urteaga y su equipo protegen a una tortuga laúd mientras cava su nido.*

De cazadores furtivos a protectores

Durante los últimos diez años, Urteaga ha cambiado las vidas de las tortugas y de sus compatriotas nicaragüenses. Para el año 2010, el 90 por ciento de los nidos de tortugas laúd en tres playas estaba protegido de los cazadores furtivos. Y el equipo había liberado a más de 34.000 tortugas bebé al mar.

Urteaga también estableció patrullas en otras playas. En algunas de estas playas desovan las tortugas marinas oliváceas y carey. Para el año 2010, aproximadamente el 50 por ciento de los nidos de las tortugas carey estaba protegido.

Más de 80 miembros de la comunidad trabajan con Urteaga para salvar a las tortugas. Algunos cazadores furtivos se han convertido en protectores. Algunas personas trabajan en los criaderos donde las pequeñas tortugas salen del cascarón.

Gracias a la educación, muchos nicaragüenses entienden la necesidad de proteger a las maravillosas tortugas. Las personas quieren ganarse la vida en formas que no pongan en peligro de extinción a estos gigantes del mar.

Urteaga no se felicita a sí mismo por el progreso. Dice: "Nunca diría que los logros del proyecto son solo nuestros". Urteaga señala que las personas de las comunidades, las organizaciones y las empresas han trabajado juntas para ayudar a proteger a las tortugas marinas.

Decidido a triunfar

En la actualidad, las tortugas marinas están un poco más seguras. A pesar de que siguen en peligro de extinción, su cantidad no está en disminución. Las personas de las comunidades costeras se enorgullecen de sus playas y de las tortugas marinas que viven con ellos.

Sin embargo, todavía hay trabajo que hacer. Urteaga quiere que más líderes de la comunidad se involucren en la conservación de las tortugas. También enfatiza la necesidad de proporcionar a las personas buenas maneras de ganarse la vida.

José Urteaga sabe que debe continuar su trabajo con las tortugas marinas y las comunidades. Explica: "No hemos ganado la guerra. Puede que me lleve lo que me queda de vida, pero estamos decididos a triunfar".

Vocabulario

cazador furtivo: persona que atrapa o caza animales cuando la ley no lo permite

economía: sistema para organizar el dinero y las empresas

fuente de ingresos: dinero que ganas o recibes

ganar: recibir dinero por el trabajo que realizas

negocio: actividad que hace ganar dinero mediante la fabricación de bienes o proporcionando un servicio

Soluciones para triunfar

José Urteaga resuelve los problemas con creatividad. Recaba los hechos y ataca el problema desde diversos ángulos. Lee sobre los hechos y las tres estrategias de Urteaga. ¿Cuál es la mejor estrategia? Decídelo.

Los datos

- Las tortugas marinas de Nicaragua se están extinguiendo. Hay que proteger a las tortugas y los nidos. Pero muchas personas viven de la venta de la carne o los huevos de tortuga.

- Los nicaragüenses han comido la carne y los huevos de tortuga, sabrosos y nutritivos, durante cientos de años. Los huevos y la carne tienen proteínas saludables.

- La pesca con redes atrapa tortugas junto con los peces. Con frecuencia las tortugas mueren.

El nacimiento de las tortugas

Anzuelos circulares

Estrategia A
¡Crear nuevos empleos!

Urteaga ofrece a las personas de la zona nuevas maneras de ganar dinero. Algunos obtienen empleos en las patrullas de la playa. Otros ayudan en los criaderos. Otros aprenden el cultivo orgánico o la apicultura. Algunos otros trabajan como guías de turismo. Algunas mujeres hacen carteras con bolsas de plástico recicladas.

Estrategia B
¡Difundir el mensaje!

Urteaga quería que las personas de Nicaragua tomaran conciencia de los problemas que enfrentan las tortugas marinas. Por eso, envió su mensaje a través de la música. Las estrellas de rock dieron recitales. Los cantantes dijeron al público: "Yo no como huevos de tortuga". El mensaje llegó a más de un millón de personas.

Estrategia C
¡Enseñar nuevas técnicas de pesca!

El equipo de Urteaga enseña nuevas habilidades a quienes pescan con redes. Estas personas aprenden cómo devolver al mar a las tortugas que accidentalmente quedan atrapadas en las redes. También aprenden acerca de un nuevo anzuelo circular. Es menos perjudicial para las tortugas cuando nadan.

EL EQUIPO
Tortuga

Cinco de las siete especies de tortugas marinas que se encuentran en peligro de extinción viven en las aguas cercanas a la costa de Nicaragua. Descubre por qué cada una de ellas es especial.

Tortuga laúd

- **Motivo de su fama:** la tortuga marina más antigua y más grande del mundo

- **Motivo del nombre:** El caparazón parece de cuero y tiene forma de laúd.

- **Tamaño:** 4 a 7 pies (120 a 213 centímetros) de largo

- **Peso:** 440 a 2000 libras (200 a 900 kilogramos)

- **Alimento:** medusas

- **Dato interesante:** puede permanecer debajo del agua hasta 85 minutos

Tortuga olivácea

- **Motivo de su fama:** Anidan de a miles en la playa al mismo tiempo.

- **Motivo del nombre:** caparazón de color verde oliva

- **Tamaño:** 2 a 2,5 pies (61 a 76 centímetros) de largo

- **Peso:** 77 a 100 libras (35 a 45 kilogramos)

- **Alimento:** mariscos

- **Dato interesante:** en ocasiones tiene una garra adicional en sus aletas delanteras

Tortuga marina verde

- **Motivo de su fama:** es la única tortuga marina adulta que se alimenta de plantas

- **Motivo del nombre:** la capa de grasa debajo del caparazón es de color verde.

- **Tamaño:** 3 a 4 pies (91 a 120 centímetros) de largo

- **Peso:** 240 a 700 libras (110 a 317 kilogramos)

- **Alimento:** pasto y algas marinas

- **Dato interesante:** tiene un único par de escamas delante de los ojos

Tortuga caguama o boba

- **Motivo de su fama:** mandíbula poderosa

- **Motivo del nombre:** su naturaleza tranquila

- **Tamaño:** 2,5 a 3 pies (76 a 91 centímetros) de largo

- **Peso:** 155 a 375 libras (70 a 170 kilogramos)

- **Alimento:** mariscos

- **Dato interesante:** tiene el caparazón con forma de corazón.

Tortuga carey o pico de halcón

- **Motivo de su fama:** caparazón muy colorido

- **Motivo del nombre:** De su caparazón se obtiene el carey y tiene la boca con la forma del pico de un halcón.

- **Tamaño:** 2 a 3,75 pies (61 a 114 centímetros) de largo

- **Peso:** 100 a 150 libras (45 a 68 kilogramos)

- **Alimento:** esponjas, anémonas, calamares y camarones

- **Dato interesante:** usa la boca en forma de pico para picotear comida de los pequeños agujeros en los arrecifes de coral

Salvando a los elefantes,
una aldea a la vez

¿Puede el animal terrestre más grande del mundo, el elefante, desaparecer para siempre? Imposible, ¿no es cierto? Pero casi ocurrió en una parte de África. Conozcan al hombre llamado "Hammer" que ayudó a los elefantes y a las personas también.

ÁFRICA

Zambia

Hay tres palabras que probablemente nunca oigan en boca de Hammer: "¡No se puede!" No importa a qué problema se enfrente Hammer, siempre dice: "Podemos lograrlo".

Un hombre llamado "Hammer"

El nombre completo de Hammer es Hammerskjoeld (JAM-er-shold) Simwinga. Nació en Zambia, África. Hammer habla siete idiomas locales. Estudió agricultura y administró grandes haciendas. También ha ayudado a las personas a aprender a cultivar jardines.

Con su conocimiento de la tierra y las personas, Hammer era la persona indicada para resolver un problema en el Parque Nacional Luangwa Norte. Los cazadores furtivos estaban cazando a los elefantes del parque para vender la carne y los colmillos. Los colmillos de los elefantes son de valioso marfil. Este se usa para hacer joyas y teclas de piano. Las personas pagan mucho dinero por él.

Antes de que comenzara la caza furtiva, había 17.000 elefantes que paseaban por el parque. Para el año 1994, quedaban solo 1300 elefantes.

Los aldeanos que vivían alrededor del parque eran muy pobres. Algunos ganaban dinero trabajando para los cazadores furtivos. Hammer dice: "Toda la comunidad estaba involucrada". Pronto esos empleos desaparecerían al igual que los elefantes.

En 1994, Hammer se unió al proyecto de conservación de Mark y Delia Owens que estaba ayudando tanto a los elefantes como a los aldeanos. Explica: "Mi papel era ayudar a las personas de la zona a encontrar algo que realmente les permitiera subsistir".

Un aldeano por vez

Hammer sabía que, si lograba enseñarles a los aldeanos maneras de ganar dinero, dejarían de trabajar para los cazadores furtivos. Hammer puso sus conocimientos a trabajar. Ideó formas en las que cada aldea podía ganarse la vida. Sus estrategias ayudan a las personas, a los animales y a la tierra.

Hammer y su equipo dieron a algunos aldeanos semillas de girasol para que plantaran. Durante muchos años, los aldeanos habían utilizado el aceite de girasol para cocinar. Pero el aceite cuesta mucho dinero. Cultivando girasol, los aldeanos pudieron fabricar su propio aceite. Y también pudieron vender su propio aceite de girasol.

Otras comunidades comenzaron a criar abejas. Los aldeanos comen la miel que producen las abejas. Y también la venden para ganar dinero.

Algunos aldeanos se dedicaron al cultivo de peces. Hammer y su equipo enseñaron a las personas cómo criar peces en tanques especiales. Entonces las personas tuvieron pescado para comer y para vender.

Las diversas soluciones de Hammer dieron resultado. En 64 aldeas, las personas dejaron de ayudar a los cazadores furtivos.

Esperanza para el futuro

En las aldeas en la actualidad, "la caza furtiva es cosa del pasado", declara Hammer. Hasta ahora, ha ayudado a más de 35.000 personas. Y con sus nuevas habilidades, explica Hammer, los aldeanos han recuperado "la alegría de vivir". Un aldeano comenta: "Ahora siento esperanza respecto del futuro".

El proyecto de Hammer también ha ayudado a los elefantes. La cantidad de elefantes en el parque está aumentando. Y han regresado más de 50 otras especies de animales al parque.

Hammer cree que la vida en África depende de proteger el medio ambiente. Dice: "Si eliminamos el medio ambiente, eliminamos nuestro futuro". Con personas como Hammer trabajando para cambiar las cosas, todos tenemos grandes posibilidades de que ese futuro sea una realidad.

Encontrando soluciones. *Hammer enseña a los aldeanos nuevas maneras de ganar dinero.*

SOLUCIONES
PARA EL FUTURO

Descubre de qué manera las personas pueden proteger la naturaleza para el futuro. Luego responde estas preguntas.

1 ¿Qué está haciendo José Urteaga para mejorar la situación para las tortugas y las personas de Nicaragua?

2 ¿Cuál es la opinión del autor del trabajo que lleva a cabo José Urteaga? ¿Qué sientes tú al respecto?

3 ¿Cuál de las estrategias de la página 7 es mejor? ¿Por qué lo crees?

4 ¿Qué problemas enfrentó Hammer en el Parque Nacional Luangwa Norte? ¿Cómo los resolvió?

5 ¿En qué se parecen José Urteaga y Hammer Simwinga? ¿En qué se diferencian?